Vera F. Birkenbihl/Jan Müller

fonetix© II

Wir lesen und schreiben streng nach Gehör

10 Übungstexte in der Lautschrift IPA

Trainingsziel: Sprach- und Schriftverständnis erhöhen
Zielgruppe: Lehrkräfte, ErzieherInnen, Eltern sowie alle, die sich mit Sprache, richtiger Aussprache und Rechtschreibung befassen wollen

© 2006 Vera F. Birkenbihl und Jan Müller
Taschenbuchausgabe
3. Auflage 2014
Alfa-Veda-Verlag
www.alfa-veda.com
ISBN 978-3-945004-11-1

Dieser Band ist eine Zugabe zu dem Buch:
„Das Falschschreib-Spiel fonetix© – Wir schreiben ohne Regeln frei nach Gehör"
Erschienen als E-Book bei Ciando 2005, als Taschenbuch im Alfa-Veda-Verlag 2014.

Inhalt

Wozu Texte in Lautschrift?

Viele Kinder lernen heute ihre Muttersprache nicht mehr richtig sprechen. Wenn beide Eltern berufstätig sind, lernen die Kinder auf der Straße nur ein ungefähres Lautbild ihrer Muttersprache kennen, das gerade ausreicht, sich unter Gleichaltrigen verständlich zu machen. Wollen die Kinder die Wörter dann aufschreiben, wird ihre Unsicherheit über das richtige Klangbild deutlich. Da die Wiedergabe des Klangs aber das wichtigste Grundprinzip unserer alphabetischen Schrift ist, ist das Wissen um die richtige Aussprache die Voraussetzung für richtiges Schreiben. Dieses Wissen wird durch das Lesen der Texte in Lautschrift gestärkt.

Gleichzeitig können wir die Lautschrift als „Geheimschrift" für Rätselspiele verwenden nach dem Prinzip: „Wer kann das entziffern?" Wenn dann beim Vorlesen ein ganz normaler Text herauskommt, ist die Freude und Überraschung um so größer. Und ganz nebenbei haben wir dabei spielend die richtige Aussprache geübt. Zur Einführung dieser „Geheimschrift" können wir erklären, dass die alten Griechen die Stämme, die an der Mittelmeerküste Kleinasiens lebten, „Phönizier" nannten, weil sie von ihnen das „phonetische" Alphabet erlernten, aus dem sich mit der Zeit das griechische, kyrillische und lateinische Alphabet, also auch unsere heutige Schrift entwickelt hat.

Die übliche deutsche Standard-Aussprache wird im Ausspracheduden mit dem Internationalen Phonetischen Alphabet (IPA) angegeben[1].

Dabei wird jedes Wort mit Buchstaben geschrieben, die ihre Aussprache so genau wiedergeben, dass ein Ausländer oder ein Rundfunksprecher ganz genau erkennen kann, wie ein Wort richtig gesprochen wird.

Durch Texte in dieser Lautschrift haben wir die Möglichkeit zu überprüfen, ob unsere Aussprache mundartlich gefärbt ist oder der hochdeutschen Standardlautung entspricht. Falls wir Abweichungen zwischen unserer Aussprache und dem Schriftbild erkennen, können wir unsere Aussprache korrigieren. Umgekehrt kann es sein, dass wir erfreut feststellen, wie richtig unsere Aussprache ist, obwohl sie mit dem Schriftbild der Rechtschreibung gar nicht übereinstimmt. Denn unsere Rechtschreibung folgt neben dem

---

[1] Das Aussprachewörterbuch der deutschen Sprache, Duden Band 6. Hier finden Sie die richtige Aussprache aller deutschen Wörter im Internationalen Phonetischen Alphabet (IPA).

Lautprinzip noch anderen Gesetzen und weicht erheblich von der tatsächlichen Aussprache ab. Die Gründe für diese Abweichung finden Sie zusammengefasst im „Falschschreib-Spiel fonetix©" im Abschnitt 4: „Warum wir anders schreiben als wir sprechen".

Ein weiterer Vorteil dieser Texte in Lautschrift ist – so überraschend es klingen mag – das ungewohnte Schriftbild. Deutlicher als alles andere führt es uns vor Augen, wie unpraktisch es wäre, wenn wir unsere Sprache tatsächlich genau so schreiben würden, wie wir sprechen – was ja die meisten Menschen glauben. Der Vergleich zwischen Lautschrift und Rechtschreibung macht uns deutlich, dass das Schriftbild, das durch die oft verdammten Rechtschreibregeln zustande kommt, für den täglichen Gebrauch viel sinnvoller und praktischer ist als reine Lautschrift. Wir gewinnen also durch diese Übung auch ein Verständnis für den Vorteil unserer Rechtschreibung, nämlich das leichte Lesen.

Das reine Schreiben nach Gehör wird in dem Buch „Das Falschschreib-Spiel fonetix©" ausführlich geübt. Die Texte in Lautschrift sind als Beigabe für diejenigen gedacht, bei denen durch das Falschschreib-Spiel die Begeisterung und der Wissensdurst für Phonetik und für eine saubere und klare Aussprache geweckt wurde. Als Textproben finden Sie das bekannte Nonsensgedicht „Dunkel war's der Mond schien helle, sieben Gedichte von Jan Müller und das Vaterunser. Und als längeren zusammenhängenden Text haben wir die gesamte Schöpfungsgeschichte aus dem Alten Testament (Moses 1,1-2.4) in den Anhang gestellt.

Im Folgenden finden Sie eine kurze Übersicht über die wichtigsten Unterschiede zwischen unserem normalen lateinischen Alphabet und der internationalen Lautschrift. Sie können diese Aufstellung getrost überspringen und gleich mit dem Lesen der Texte in Lautschrift beginnen. Sobald dann beim Lesen die ersten Fragen auftauchen, was die einzelnen Buchstaben genau bedeuten, blättern Sie einfach zurück und schauen in der Tabelle auf Seite 7 nach.

In der phonetischen Schrift werden unter anderem offene und geschlossene Vokale unterschieden. Lange Vokale werden im Deutschen immer geschlossen gesprochen (außer „a" und „ä", die von Natur aus immer offen sind, weil der Mund dabei weit aufgesperrt wird). Kurze Vokale dagegen sprechen wir offen, und dafür gibt es phonetische Zeichen, die aus anderen Sprachen oder Alphabeten entlehnt sind.

Die Zeichen für kurze offene Vokale

ä,e ɛ i ɪ ö œ ü ʏ o ɔ u ʊ

Das kurze „ä" und das kurze „e" werden beide mit ɛ wiedergegeben. Die Rechtschreibung verwendet für denselben Laut verschiedene Buchstaben, um deutlich zu machen, wann sich der Laut von einem Stamm mit „a" ableiten lässt.

Lange Vokale haben nach sich einen Doppelpunkt aus dreieckigen Punkten.

Zeichen für lange Vokale

a aː ä ɛː e eː i iː ö øː ü yː o oː u uː

Für das unbetonte „e" und das vokalische „-er" stehen die umgedrehten Zeichen ə bzw. ɐ: Gewitter gəvɪtɐ. Wenn das „e" keine eigene Silbe bildet, kommt darunter ein kleiner Bogen: Uhr uːɐ̯. Bei den Endungen „-el" , „-em" und „-en" wenn das „e" verschluckt wird und wir stattdessen nur einen silbischen Konsonanten hören, wird dieser mit einem kurzen Strich oder Punkt darunter geschrieben: l̩, m̩, ŋ̍: **Engel fliegen**: ɛŋl̩ fliːgn̩.

Doppellaute sind mit Schleife verbunden: a͜i, ɔ͜y, a͜u, u͜i, k͜s, p͜f, t͜s.

In manchen Texten haben wir die Betonung durch den Akzent vor der betonten Silbe markiert: ˈfaːtɐ.

Für den Stimmansatz im Wortinneren steht der Balken| : **überall** yːbeˈ|al.

Die folgende Liste zeigt die Sonderzeichen, die von unserer normalen Schrift abweichen. Sie finden darin die verschiedenen Möglichkeiten, wie ein Laut in der Rechtschreibung geschrieben wird, und dann die Umsetzung in phonetischer Schrift. So können Sie auch selber Texte oder Wörter im Internationalen Phonetischen Alphabet schreiben.

Die deutschen Laute im Internationalen Phonetischen Alphabet (IPA)

a, aa, ah lang – aː

ai, ay – aj

au – au̯

ä kurz – ɛ

ä, äh lang – ɛː

äu – ɔy

c – k oder ʦ

ch Ach-Laut – x

ch Ich-Laut – ç

chs – kʂ

e unbetont – ə

e kurz und offen – ɛ

e, eh lang – eː

ei, ey – aj

-el im Auslaut – |

-em im Auslaut – m̩

-en im Auslaut – n̩

-er im Auslaut – ɐ

eu – ɔy

-g im Auslaut – k oder ç

g in ng stumm → ŋ

h Dehnungs-h stumm

i kurz und offen – ɪ

i, ie, ieh lang – iː

ng – ŋ

nk – ŋk

o kurz und offen – ɔ

o, oo, oh lang – oː

ö kurz und offen – œ

ö lang – øː

pf – p͡f

-r vokalisch nach Vokal,
aber nicht silbenbildend – ɐ̯

s stimmhaft – z

sch, s(p), s(t) – ʃ

tz – ʦ

u kurz und offen – ʊ

u, uh lang – uː

ü kurz und offen – ʏ

ü lang – yː

v – f oder v

w – v

x – kʂ

y – yː, ʏ oder j

z – ʦ

Betonung – ' in 'faːtɐ

Stimmansatz – ein Balken |
wie in yːbeǀal

Fonetix-Training 1

Vergleichen Sie Lautschrift mit Normaltext

Um sich an die Internationale Lautschrift zu gewöhnen, vergleichen Sie bitte zunächst die Texte in phonetischer und normaler Schreibweise und lesen Sie sich die Zeilen der Lautschrift laut vor. Dabei werden Ihnen wahrscheinlich Feinheiten in der Aussprache auffallen, die Ihnen bisher gar nicht bewusst waren, die Sie aber dennoch unbewusst richtig gemacht haben.

Lesen Sie Zeile für Zeile laut und schauen Sie nach, an welchen Stellen die Rechtschreibung von der Aussprache abweicht. Je mehr Ihnen die Unterschiede bewusst werden, desto sicherer werden Sie in der Rechtschreibung.

Sobald Sie sich in die Lautschrift eingelesen haben, decken Sie den Text mit einem Blatt Papier ab und schieben Sie das Blatt Zeile für Zeile nach unten, bis Sie die Auflösung in Rechtschreibung lesen können. Versuchen Sie erst, den Text in bloßer Lautschrift zu entziffern, bevor Sie die Zeile in Rechtschreibung aufdecken. Auf dem Bildschirm lesen Sie am besten die Zeile am unteren Bildrand und scrollen den Text Zeile für Zeile nach oben.

1. Dunkel war's

dʊŋkl̩ vaːɐ̯'s
Dunkel war's,

deːɐ̯ moːnt ʃiːn hɛlə
der Mond schien helle

aʊ̯f diː gryːnbəʃnaɪ̯tə fluːɐ̯,
auf die grünbeschneite Flur,

als aɪ̯n vaːgŋ̩ blɪt͡səʃnɛlə,
als ein Wagen blitzeschnelle

laŋzaːm ʊm diː ɛkə fuːɐ̯.
langsam um die Ecke fuhr.

drɪnən zaːsn̩ ʃteːənt lɔy̯tə,
Drinnen saßen stehend Leute,

ʃvaɪ̯gŋ̩t ɪns gəʃprɛːç fɛɐ̯tiːft,
schweigend ins Gespräch vertieft,

als aɪ̯n toːtgəʃɔsnɐ haːzə
als ein totgeschossner Hase

aʊf deːɐ̯ zantbaŋk ʃlɪtʃuː liːf.
auf der Sandbank Schlittschuh lief.

ʊnt aʊf aɪ̯nɐ roːtn̩ baŋk,
Und auf einer roten Bank,

diː gɛlp angəʃtrɪçn̩ vaːɐ̯,
die gelb angestrichen war,

zaːs aɪ̯n blɔntgəlɔktɐ jʏŋlɪŋ,
saß ein blondgelockter Jüngling,

dɛsn̩ raːbm̩ʃvartsəs haːɐ̯
dessen rabenschwarzes Haar

fɔn deːɐ̯ fʏlə zaɪ̯nɐ jaːrə
von der Fülle seiner Jahre

ʃoːn gants vaɪ̯s gəvɔrdn̩ waːɐ̯.
schon ganz weiß geworden war.

neːbm̩ iːm nə altə ʃrʊlə,
Neben ihm ne alte Schrulle,

ʦɛːltə kaʊm eːɐ̯st ziːpʦeːn jaːɐ̯,
zählte kaum erst siebzehn Jahr,

ʃmiːrtə iːm nə bʊtɐ̯ʃtʊlə,
schmierte ihm ne Butterstulle,

diː mɪt ʃmalʦ bəʃtrɪçn̩ vaːɐ̯.
die mit Schmalz bestrichen war.

fɔn deːɐ̯ reːgn̩nasn̩ pfʏʦə
Von der regennassen Pfütze

vɪrbl̩tə deːa ʃtaʊ̯p ɛmpoːɐ̯,
wirbelte der Staub empor,

bɪs deːɐ̯ jʏŋlɪŋ ɪn deːɐ̯ hɪʦə
bis der Jüngling in der Hitze

mɛçtɪç an deːn oːrən froːɐ̯.
mächtig an den Ohren fror.

baɪ̯də hɛndə ɪn deːn taʃn̩
Beide Hände in den Taschen

hiːlt eːɐ̯ zɪç diː a̯ʊgn̩ ʦuː,
hielt er sich die Augen zu,

daːrʊm kɔntə eːɐ̯ nɪçt naʃn̩
darum konnte er nicht naschen

an deːm fa̯ilçn̩dʊft deːɐ̯ kuː.
an dem Veilchenduft der Kuh.

dɔx fɛɐ̯liːpt ʃpraːx eːɐ̯ ʦuː iːɐ̯
Doch verliebt sprach er zu ihr:

„kalt gəliːptəs trampl̩tiːɐ̯,
„Kalt geliebtes Trampeltier,

duː hast a̯ʊgn̩ viː zardɛlən,
du hast Augen wie Sardellen,

diː diːɐ̯ a̯ʊs deːn oːrən kwɛlən,
die dir aus den Ohren quellen,

alə ɔks̩n̩ gla̯içn̩ diːɐ̯.“
alle Ochsen gleichen Dir.“

diːzə traʊrɪgə gəʃɪçtə
Diese traurige Geschichte

fant ziː wɪt͡sɪç viː nɔx niː,
fand sie witzig wie noch nie,

daːrʊm p͡fɪf eːɐ̯ ɪm gədɪçtə
darum pfiff er im Gedichte

„bla̯ibə ba̯i miːɐ̯, oː mariː!"
„Bleibe bei mir, o Marie!"

hoːx am kaːlən ap͡fl̩baʊmə,
Hoch am kahlen Apfelbaume,

dɛsn̩ laʊp fɔl bɪrnən hɪŋ,
dessen Laub voll Birnen hing,

ʃtant dɛs fryːlɪŋs lɛt͡stə p͡flaʊmə,
stand des Frühlings letzte Pflaume,

diː foːɐ̯ gʊrkn̩ ʊntɐ̯gɪŋ.
die vor Gurken unterging.

rɪŋsʊm hɛrʃtə tiːfəs ʃvai̯gn̩,
Ringsum herrschte tiefes Schweigen,

dɛn mɪt fʏrçtɐlɪçm̩ krax
denn mit fürchterlichem Krach

ʃpiːltn̩ ɪn dɛs graːzəs tsvai̯gn̩
spielten in des Grases Zweigen

tsvai̯ kameːlə lau̯tloːs ʃax.
zwei Kamele lautlos Schach.

ʊnt tsvai̯ fɪʃə liːfn̩ mʊntɐ
Und zwei Fische liefen munter

dʊrç das blau̯ə kɔrnfɛlt hɪn.
durch das blaue Kornfeld hin.

ɛntlɪç gɪŋ diː zɔnə ʊntɐ
Endlich ging die Sonne unter

ʊnt deːɐ̯ grau̯ə taːk ɛɐ̯ʃiːn.
und der graue Tag erschien.

dɔx deːɐ̯ vaːgn̩ fuːɐ̯ ɪm traːbə
Doch der Wagen fuhr im Trabe

rʏkvɛrts aɪ̯nən bɛrk hɪnaʊ̯f,
rückwärts einen Berg hinauf,

dɛn dɔrt tʂoːk aɪ̯n waɪ̯sɐ̯ raːbə
denn dort zog ein weißer Rabe

tɔrkl̩nt zaɪ̯nə tʊrmuːɐ̯ aʊ̯f.
torkelnd seine Turmuhr auf.

diːs gədɪçt fɛɐ̯fastə gøːtə,
Dies Gedicht verfasste Goethe,

als eːɐ̯ ɪn deːɐ̯ mɔrgŋrøːtə
als er in der Morgenröte

liːgn̩t aʊ̯f deːm naxtɔpf zaːs
liegend auf dem Nachttopf saß

ʊnt diː falʃ-ʃraɪ̯p-fiːbl̩ laːs.
und die Falsch-Schreib-Fibel las.

Nach volkstümlichen Überlieferungen neu zusammengestellt

2. Es war mal ne Wespe

ɛs vaːɐ̯ maːl nə vɛspə,
Es war mal ne Wespe,

diː vɔltə mɪç ʃtɛçn̩,
die wollte mich stechen,

daː ʃpraːx ɪç ʦuː iːɐ̯:
da sprach ich zu ihr:

„deːn ʃpaːs gœn ɪç diːɐ̯,
„Den Spaß gönn ich dir,

ʃtɪç duː ɪmɐ ʦuː,
stich du immer zu,

nuːɐ̯ mɪç las ɪn ruː.
nur MICH lass in Ruh.

ɪç vʏrdə mɪç rɛçn̩,
ICH würde mich rächen,

ʊnt das vɛːɐ̯ nɪçt ʃøːn,
und das wär nicht schön,

drʊm mʊst duː ʦuː
drum musst du zu

jeːmandəm andərən geːn."
jemandem anderen gehn."

nuːn vɔltə ziː ʃtɛçn̩,
Nun wollte sie stechen,

veːn ɪmɐ ziː fant,
wen immer sie fand,

dɔx jeːdɐ ɪm lant
doch jeder im Land

ʃpraːx: „gɛrnə, nuːɐ̯ ʦuː,
sprach: „Gerne, nur zu,

nuːɐ̯ mɪç las ɪn ruː.
nur MICH lass in Ruh.

ɪç vʏrdə mɪç rɛçn̩,
ICH würde mich rächen,

ʊnt das vɛːɐ̯ nɪçt ʃøːn,
und das wär nicht schön,

drʊm mʊst duː ʦuː
drum musst du zu

jeːmandəm andərən geːn."
jemandem anderen gehn."

daː mɛrktə diː bɛstəː
Da merkte die Beste:

ɪç bɪn yːbeʹ|al,
ICH bin überall,

ʊnt lɛrntə aʊs diːzəm
und lernte aus diesem

bəzɔndərən fal.
besonderen Fall.

3. Gedankenspiel

duː glau̯pst, duː ʃpiːlst

Du glaubst, du spielst

mɪt deːm gədaŋkn̩

mit dem Gedanken,

dɔx deːɐ̯ gədaŋkə ʃpiːlt mɪt diːɐ̯

doch der Gedanke spielt mit dir.

eːɐ̯ ʃɔy̯çt dɪç au̯f,

Er scheucht dich auf,

brɪŋt dɪç ɪns vaŋkn̩,

bringt dich ins Wanken,

duː ʃpyːrst nuːɐ̯,

Du spürst nur:

ɛtvas vyːlt ɪn miːɐ̯.

Etwas wühlt in mir.

viːɐ̯ graɪ̯fn̩ aɪ̯nən bal t͡sʊm ʃpiːlən

Wir greifen einen Ball zum Spielen,

dɔx ziː, ɛs ɪst aɪ̯n lʊftbalɔŋ.

doch sieh: Es ist ein Luftballon.

viːɐ̯ vɔltn̩ nuːɐ̯ t͡sʊm toːrə t͡siːlən,

Wir wollten nur zum Tore zielen,

dɔx deːɐ̯ balɔŋ trɛːkt ʊns dafɔn,

doch der Ballon trägt uns davon,

trɛːkt ʊns ɪn vɛltn̩ oːnə ʃraŋkn̩

trägt uns in Welten ohne Schranken

ans fɛrnə, lɛŋst fɛɐ̯gɛsnə t͡siːl.

ans ferne, längst vergessne Ziel.

eːɐ̯st vaːɐ̯st duː ʃpiːlbal

Erst warst du Spielball

deːɐ̯ gədaŋkn̩

der Gedanken,

nuːn bɪst duː zɛlpst gədaŋkn̩ʃpiːl.

nun bist du selbst Gedankenspiel.

4. Wissenschaft

vɪsn̩ʃaft ɪst ʃtuːfn̩vɪsn̩,

Wissenschaft ist Stufenwissen,

das viːɐ̯ viːdɐ-ruːfn̩ mʏsn̩,

das wir wi(e)der-rufen müssen,

ʃraɪtn̩ viːɐ̯ diː laɪtɐ haɪtɐ vaɪtɐ.

schreiten wir die Leiter heiter weiter.

geːən viːɐ̯ diː vɛndl̩trɛpə

Gehen wir die Wendeltreppe

dreːənd bɪs t͡sʊm lɛt͡st̩ ʃtʏk,
drehend bis zum letzten Stück,

zeːən viːɐ̯ am ɛndə ɛbə:
sehen wir am Ende Ebbe:

aləs vɪsn̩ ɛpt t͡sʊrʏk.
alles Wissen ebbt zurück.

au̯f deːɐ̯ høːçstn̩ eːbənə
Auf der höchsten Ebene

fɛlt diː lau̯tɐ ʊm.
fällt die Leiter um.

viːɐ̯ zɪnt deːɐ̯ ɛɐ̯geːbənə,
Wir sind der Ergebene,

hɛrlɪç dɛp ʊnt dʊm.
herrlich depp und dumm.

5. Aus der Stille

aʊs deːɐ̯ ʃtɪlə ɛntʃteːt diː vɛlt
Aus der Stille entsteht die Welt

ʊnt ziː t͡sɛɐ̯fɛlt in ʃtɪlə
und sie zerfällt in Stille

vɛn t͡sʊ alən klɛŋən
wenn zu allen Klängen

diː dɪç ʊmdrɛŋən
die dich umdrängen

deːɐ̯ geːɡn̩klaŋ ɪn diːɐ̯ ɛɐ̯klɪŋt
der Gegenklang in dir erklingt

ʊnt dɪç deːɐ̯ veːzn̩ gəzaŋ
und dich der Wesen Gesang

ɪn gərʊndətɐ fʏlə
in gerundeter Fülle

alza͜ɪts bəʃvɪŋt.
allseits beschwingt.

6. Ein Augenblick

a̯in a̯ugn̩blɪk fɔl ʃtɪləm glʏk –
Ein Augenblick voll stillem Glück –

das kɔstbaːɐ̯stə ɪm leːbn̩.
das kostbarste im Leben.

deːɐ̯ a̯ugn̩blɪk keːɐ̯t niː t͡sʊrʏk,
Der Augenblick kehrt nie zurück,

nuːɐ̯ das, vas eːɐ̯ bəvɪrkt.
nur das, was er bewirkt.

a̯in a̯ugn̩blɪk fɔl ʃtɪləm glʏk
Ein Augenblick voll stillem Glück

kan diːɐ̯ das høːçstə geːbn̩,
kann Dir das Höchste geben,

fyːɐ̯t la̯ize dɪç t͡sʊm zɛlpst t͡sʊrʏk,
führt leise dich zum Selbst zurück,

voː aləs glʏk zɪç bɪrkt.
wo alles Glück sich birgt.

7. Herbst

hɛrpst, ɛs falən gədɪçtə
Herbst, es fallen Gedichte

deːm raɪ̯fn̩ ɪst fau̯lən naː.
dem Reifen ist Faulen nah.

diː zyːsəstn̩, mɪldəstn̩ frʏçtə
Die süßesten, mildesten Früchte

falən diːɐ̯, ven duː ʃoːn – jaː,
fallen dir, wenn du schon – ja,

mɪt aɪ̯nəm fuːsə ɪm graːbə
mit einem Fuße im Grabe

ʊnt dɔx nɔx fɔn diːzɐ vɛlt –
und doch noch von dieser Welt –

kʏndəst, vɛs traːgɪʃə gaːbə
kündest, wes tragische Gabe

daɪ̯nə vaɪ̯shaɪ̯t ɛɐ̯tsɛːlt.
deine Weisheit erzählt.

duː fyːlst am gɪp͡fl̩ dɛs veːɐ̯dn̩s
Du fühlst am Gipfel des Werdens

ɪn diːɐ̯, yːbɐ|al
in dir, überall

ɪm glʏkə høːçstn̩ gəbɛːrəns
im Glücke höchsten Gebärens

mɪldn̩ t͡sɛɐ̯fal.
milden Zerfall.

8. Wenn ich langsam wieder werde

vɛn ɪç laŋzaːm viːdɐ veːɐ̯də,
Wenn ich langsam wieder werde,

vas ɪç ʃteːts gəveːzn̩ bɪn,
was ich stets gewesen bin,

dɛmɐt miːɐ̯ das ʊmgəkeːɐ̯tə
dämmert mir das Umgekehrte

ʊnt fɛɐ̯keːɐ̯t deːɐ̯ vezn̩ zɪn.
und verkehrt der Wesen Sinn.

ˈalə ˈveːzn̩ zɪnt ɪm ˈɡrʊndə
Alle Wesen sind im Grunde

ˈtailə aus deːm ˈɡeːɡn̩tail,
Teile aus dem Gegenteil,

mɪt deːm ˈɡeːɡn̩tail ɪm ˈbʊndə
mit dem Gegenteil im Bunde

ˈveːɐ̯dn̩ ˈalə ˈveːzn̩ hail.
werden alle Wesen heil.

ʊnt ɪç ˈʃteːə nɔy ɡəˈvɔnən,
Und ich stehe neu gewonnen,

viː zait jeːheːɐ̯ ˈʊnɡətailt,
wie seit jeher ungeteilt,

ˈalə ˈrɪsə zɪnt tsɛɐ̯ˈrɔnən,
alle Risse sind zerronnen,

ˈalə ˈbrʏçə zɪnt fɛɐ̯ˈhailt.
alle Brüche sind verheilt.

9. Vaterunser

'faːtɐ 'ʊnzɐ, deːɐ̯ duː bɪst ɪm 'hɪml̩,
Vater unser, der du bist im Himmel,

gə'haɪ̯lɪçt 'veːɐ̯də daɪ̯n 'naːmə,
geheiligt werde dein Name,

daɪ̯n raɪ̯ç 'kɔmə,
dein Reich komme,

daɪ̯n 'vɪlə gə'ʃeːə
dein Wille geschehe,

viː ɪm 'hɪml̩ 'alzoː a̯ʊx a̯ʊf 'eːɐ̯dn̩.
wie im Himmel also auch auf Erden.

'ʊnzɐ 'tɛːklɪç broːt giːp ʊns 'hɔy̯tə,
Unser täglich Brot gib uns heute,

ʊnt fɛɐ̯'giːp ʊns 'ʊnzərə ʃʊlt,
und vergib uns unsere Schuld,

viː a̯ʊx viːɐ̯ fɛɐ̯'geːbn̩
wie auch wir vergeben

'ʊnzərən 'ʃʊldɪgen.
unseren Schuldigern.

ʊnt 'fyːrə ʊns nɪçt ɪn fɛɐ̯'zuːxʊŋ,
Und führe uns nicht in Versuchung,

'zɔnden ɛɐ̯'løːzə ʊns fɔn deːm 'yːbl̩,
sondern erlöse uns von dem Übel,

dɛn daɪ̯n ɪst das raɪ̯ç
denn dein ist das Reich,

ʊnt diː kraft ʊnt diː 'hɛrlɪçkaɪ̯t
und die Kraft und die Herrlichkeit,

ɪn 'eːvɪçkaɪ̯t. 'aːmɛn ('aːmən).
in Ewigkeit, Amen.

Fonetix-Training 2

Schreiben Sie in Rechtschreibung

Nachdem Sie den Unterschied zwischen normaler Rechtschreibung und phonetischer Schrift kennengelernt haben, können Sie mit den folgenden Texten überprüfen, wie sicher Sie in deutscher Rechtschreibung sind. Das folgende Spiel ist eine Art Diktat, das jeder auch ohne Vorleser für sich alleine üben kann.

Wenn Sie unter die phonetisch geschriebene Zeile Wort für Wort in Rechtschreibung setzen, wird Ihnen bewusst, an welchen Stellen unsere Rechtschreibung von der Aussprache abweicht. Überlegen Sie dabei, welche Regeln sich im Lauf der Zeit gebildet haben, um den Klang der Sprache zu verdeutlichen. Wie und warum weicht das Schriftbild der Rechtschreibung von der Aussprache ab? Erkennen Sie in den Rechtschreibregeln eine gewisse Gesetzmäßigkeit?

Je genauer Sie den Sprachklang wahrnehmen können, desto feiner wird Ihr Gefühl und Ihr Verständnis für Schrift und Sprache. Durch das bewusste Wahrnehmen der Lautgesetze, die wir bisher beim Sprechen unbewusst verwendet haben, erkennen wir den Unterschied zwischen Aussprache und Rechtschreibung, verlieren Zweifel und Unsicherheit und können die Rechtschreibregeln leichter befolgen.

Sie können diese Texte aber auch - wie anfangs beschrieben - für Rätselspiele verwenden, indem Sie die Lautschrift als „Geheimschrift" bezeichnen, die es zu entziffern gilt.

1. Dunkel war's

dʊŋkl̩ vaːɐ̯'s, deːɐ̯ moːnt ʃiːn hɛlə

aʊ̯f diː gryːnbəʃnaɪ̯tə fluːɐ̯,

als aɪ̯n vaːgn̩ blɪt͡səʃnɛlə,

laŋzaːm ʊm diː ɛkə fuːɐ̯.

drɪnən zaːsn̩ ʃteːənt lɔʏtə,

ʃvaɪ̯gn̩t ɪns gəʃprɛːç fɛɐ̯tiːft,

als aɪ̯n toːtgəʃɔsnɐ haːzə

aʊ̯f deːɐ̯ zantbaŋk ʃlɪt͡ʃuː liːf.

ʊnt aʊ̯f aɪ̯nɐ roːtn̩ baŋk,

diː gɛlp aŋgəʃtrɪçn̩ vaːɐ̯,

zaːs a̯in blɔntgəlɔktə̯ jʏŋlɪŋ,

dɛsn̩ raːbm̩ʃvartṣəs haːɐ̯

fɔn deːɐ̯ fʏlə za̯inɐ̯ jaːrə

ʃoːn ganṭʂ va̯is gəvɔrdn̩ waːɐ̯.

neːbm̩ iːm nə altə ʃrʊlə,

ṭʂɛːltə ka̯ʊm eːɐ̯st ziːpṭʂeːn jaːɐ̯,

ʃmiːrtə iːm nə bʊtɐ̯ʃtʊlə,

diː mɪt ʃmalṭʂ bəʃtrɪçn̩ vaːɐ̯.

fɔn deːɐ̯ reːgn̩nasn̩ p̩fʏṭʂə

vɪrbl̩tə deːa ʃta̯ʊp ɛmpoːɐ̯,

bɪs deːɐ̯ jʏŋlɪŋ ɪn deːɐ̯ hɪṭʂə

mɛçtɪç an deːn oːrən froːɐ̯.

ba̯ɪdə hɛndə ɪn deːn taʃn̩

hiːlt eːɐ̯ zɪç diː a̯ʊgn̩ tʂuː,

daːrʊm kɔntə eːɐ̯ nɪçt naʃn̩

an deːm fa̯ɪlçn̩dʊft deːɐ̯ kuː.

dɔx fɛɐ̯liːpt ʃpraːx eːɐ̯ tʂuː iːɐ̯

„kalt gəliːptəs trampl̩tiːɐ̯,

duː hast a̯ʊgn̩ viː zardɛlən,

diː diːɐ̯ a̯ʊs deːn oːrən kwɛlən,

alə ɔkṣn̩ gla̯ɪçn̩ diːɐ̯.“

diːzə tra̯ʊrɪgə gəʃɪçtə

fant ziː wɪt͡sɪç viː nɔx niː,

daːʁʊm p̪fɪf eːɐ̯ ɪm gədɪçtə

„blaɪ̯bə baɪ̯ miːɐ̯, oː mariː!"

hoːx am kaːlən ap̪fl̩baʊ̯mə,

dɛsn̩ laʊ̯p fɔl bɪrnən hɪŋ,

ʃtant dɛs fryːlɪŋs lɛt͡stə p̪flaʊ̯mə,

diː foːɐ̯ gʊrkn̩ ʊntɐ̯gɪŋ.

rɪŋsʊm hɛrʃtə tiːfəs ʃvaɪ̯gn̩,

dɛn mɪt fʏrçtɐ̯lɪçm̩ krax

ʃpiːltn̩ ɪn dɛs graːzəs t͡svaɪ̯gn̩

t͡svaɪ̯ kameːlə laʊ̯tloːs ʃax.

ʊnt t͡svaɪ̯ fɪʃə liːfn̩ mʊntɐ

dʊrç das blaʊ̯ə kɔrnfɛlt hɪn.

ɛntlɪç gɪŋ diː zɔnə ʊntɐ

ʊnt deːɐ̯ graʊ̯ə taːk ɛɐ̯ʃiːn.

dɔx deːɐ̯ vaːgn̩ fuːɐ̯ ɪm traːbə

rʏkvɛrt͡s aɪ̯nən bɛrk hɪnaʊ̯f,

dɛn dɔrt t͡soːk aɪ̯n vaɪ̯sɐ raːbə

tɔrkl̩nt zaɪ̯nə tʊrmuːɐ̯ aʊ̯f.

diːs gədɪçt fɛɐ̯fastə gøːtə,

als eːɐ̯ ɪn deːɐ̯ mɔrgŋrøːtə

liːgn̩t aʊ̯f deːm naxtɔp͡f zaːs

ʊnt diː falʃ-ʃraɪ̯p-fiːbl̩ laːs.

2. Es war mal ne Wespe

ɛs vaːɐ̯ maːl nə vɛspə,

diː vɔltə mɪç ʃtɛçn̩,

daː ʃpraːx ɪç ʦʊ iːɐ̯:

„deːn ʃpaːs gœn ɪç diːɐ̯,

ʃtɪç duː ɪmɐ ʦuː,

nuːɐ̯ mɪç las ɪn ruː.

ɪç vʏrdə mɪç rɛçn̩,

ʊnt das vɛːɐ̯ nɪçt ʃøːn,

drʊm mʊst duː ʦʊ

jeːmandəm andərən geːn.“

nuːn vɔltə ziː ʃtɛçn̩,

veːn ɪmɐ ziː fant,

dɔx jeːdɐ ɪm lant

ʃpraːx: „gɛrnə, nuːɐ̯ t͡suː,

nuːɐ̯ mɪç las ɪn ruː.

ɪç vʏrdə mɪç rɛçn̩,

ʊnt das vɛːɐ̯ nɪçt ʃøːn,

drʊm mʊst duː t͡sʊ

jeːmandəm andərən geːn."

daː mɛrktə diː bɛstə:

ɪç bɪn yːbeʃ|al,

ʊnt lɛrntə a͜us diːzəm

bəzɔndərən fal.

3. Gedankenspiel

duː gla͜upst, duː ʃpiːlst

mɪt deːm gədaŋkn̩

dɔx deːɐ̯ gədaŋkə ʃpiːlt mɪt diːɐ̯

eːɐ̯ ʃɔyçt dɪç a͜uf,

brɪŋt dɪç ɪns vaŋkn̩,

duː ʃpyːrst nuːɐ̯, ɛtvas vyːlt ɪn miːɐ̯.

viːɐ̯ gra͜ifn̩ a͜inən bal ͜tsʊm ʃpiːlən

dɔx ziː, ɛs ɪst ai̯n lʊftbalɔŋ.

viːɐ̯ vɔltn̩ nuːɐ̯ ʦʊm toːrə ʧiːlən,

dɔx deːɐ̯ balɔŋ trɛːkt ʊns dafɔn,

trɛːkt ʊns ɪn vɛltn̩ oːnə ʃraŋkn̩

ans fɛrnə, lɛŋst fɛɐ̯gɛsnə ʧiːl.

eːɐ̯st vaːɐ̯st duː ʃpiːlbal deːɐ̯ gədaŋkn̩

nuːn bɪst duː zɛlpst gədaŋkn̩ʃpiːl.

4. Wissenschaft

vɪsn̩ʃaft ɪst ʃtuːfn̩vɪsn̩,

das viːɐ̯ viːdɐ-ruːfn̩ mʏsn̩,

ʃraitn̩ viːɐ̯ diː laite haite vaite.

geːən viːɐ̯ diː vɛndl̩trɛpə

dreːənd bɪs ʦʊm lɛʦtn̩ ʃtʏk,

zeːən viːɐ̯ am ɛndə ɛbə:

aləs vɪsn̩ ɛpt ʦʊrʏk.

au̯f deːɐ̯ høːçstn̩ eːbənə

fɛlt diː laite ʊm.

viːɐ̯ zɪnd deːɐ̯ ɛɐ̯geːbənə,

hɛrlɪç dɛp ʊnt dʊm.

5. Aus der Stille

aʊs dɛːɐ̯ ʃtɪlə ɛntʃteːt diː vɛlt

ʊnt ziː t͡sɛɐ̯fɛlt in ʃtɪlə

vɛn t͡sʊ alən klɛŋən

diː dɪç ʊmdrɛŋən

dɛːɐ̯ geːgn̩klaŋ

ɪn diːɐ̯ ɛɐ̯klɪŋt

ʊnt dɪç dɛːɐ̯ veːzn̩ gəzaŋ

ɪn gərʊndətɐ fʏlə

alzaɪ̯ts bəʃvɪŋt.

6. Ein Augenblick

a̯in a̯ugn̩blɪk fɔl ʃtɪləm glʏk –

das kɔstbaːɐ̯stə ɪm leːbn̩.

deːɐ̯ a̯ugn̩blɪk keːɐ̯t niː t͡sʊrʏk,

nuːɐ̯ das, vas eːɐ̯ bəvɪrkt.

a̯in a̯ugn̩blɪk fɔl ʃtɪləm glʏk

kan diːɐ̯ das høːçstə geːbn̩,

fyːɐ̯t la̯ize dɪç t͡sʊm zɛlpst t͡sʊrʏk,

voː aləs glʏk zɪç bɪrkt.

7. Herbst

hɛrpst, ɛs falən gədɪçtə

deːm rai̯fn̩ ɪst faʊ̯lən naː.

diː zyːsəstn̩, mɪldəstn̩ frʏçtə

falən diːɐ̯, ven duː ʃoːn – jaː,

mɪt ai̯nəm fuːsə ɪm graːbə

ʊnt dɔx nɔx fɔn diːzɐ vɛlt –

kʏndəst, vɛs traːgɪʃə gaːbə

dai̯nə vai̯shai̯t ɛɐ̯tsɛːlt.

duː fyːlst am gɪp͡fl̩ dɛs veːɐ̯dn̩s

ɪn diːɐ̯, yːbɐ|al

ɪm glʏkə høːçstn̩ gəbɛːrəns

mɪldn̩ t͡sɛɐ̯fal.

8. Wenn ich langsam wieder werde

vɛn ɪç laŋzaːm viːdɐ veːɐ̯də,

vas ɪç ʃteːts ɡəveːzn̩ bɪn,

dɛmət miːɐ̯ das ʊmɡəkeːɐ̯tə

ʊnt fɛɐ̯keːɐ̯t deːɐ̯ vezn̩ zɪn.

alə vezn̩ zɪnt ɪm ɡrʊndə

tailə au̯s deːm ɡeːɡn̩tai̯l,

mɪt deːm ɡeːɡn̩tai̯l ɪm bʊndə

veːɐ̯dn̩ alə vezn̩ hai̯l.

ʊnt ɪç ʃteːɐ̯ə nɔy ɡəvɔnən,

viː zai̯t jeːheːɐ̯ ʊnɡətai̯lt,

alə rɪsə zɪnt t͡sɛɐ̯rɔnən,

alə brʏçə zɪnt fɛɐ̯hai̯lt.

9. Vaterunser

'faːtɐ 'ʊnzɐ, deːɐ̯ duː bɪst ɪm 'hɪml̩,

gə'haɪ̯lɪçt 'veːɐ̯də daɪ̯n 'naːmə,

daɪ̯n raɪ̯ç 'kɔmə, daɪ̯n 'vɪlə gə'ʃeːə

viː ɪm 'hɪml̩ 'alzoː aʊ̯x aʊ̯f `eːɐ̯dn̩.

'ʊnzɐ 'tɛːklɪç broːt giːp ʊns 'hɔɪ̯tə,

ʊnt fɛɐ̯'giːp ʊns 'ʊnzərə ʃʊlt,

viː aʊ̯x viːɐ̯ fɛɐ̯'geːbn̩

'ʊnzərən 'ʃʊldɪgen.

ʊnt 'fyːrə ʊns nɪçt ɪn fɛɐ̯'zuːxʊŋ,

'zɔndɐn ɛɐ̯'løːzə ʊns fɔn deːm 'yːbl̩,

dɛn daɪn ɪst das raɪç

ʊnt diː kraft ʊnt diː ˈhɛrlɪçkaɪt

ɪn ˈeːvɪçkaɪt. ˈaːmən.

Fonetix-Training 3

Schreiben Sie in Lautschrift

Falls Sie testen wollen, wie genau Sie nach Gehör schreiben können, versuchen Sie einmal, Texte im Phonetischen Alphabet zu schreiben. Drucken Sie sich dazu die Liste der Sonderzeichen aus, die von unserer normalen Schrift abweichen (Seite 9), und schauen Sie darin nach, bis Ihnen die Zeichen zur Gewohnheit werden.

Sprechen Sie jede Zeile so natürlich wie möglich aus, hören Sie genau auf den Klang der Wörter und schreiben Sie unter die folgenden Texte Zeile für Zeile die Klänge hin, die Sie hören. Anschließend können Sie Ihre Lautschrift mit unserer vergleichen, die auf der Standardlautung des Aussprachedudens beruht.

Für das Spiel in der GRUPPE kann der Spielleiter den Text diktieren, er sollte dabei aber NATÜRLICH sprechen und keine Silben überbetonen.

Durch diese Übung wird Ihnen nicht nur die genaue Aussprache bewusst, sondern auch der genaue Unterschied zwischen Lautschrift und Rechtschreibung: ein wichtiger Schritt, Unsicherheiten und Zeifel in der Rechtschreibung loszuwerden.

1. Dunkel war 's

Dunkel war 's, der Mond schien helle

auf die grünbeschneite Flur,

als ein Wagen blitzeschnelle

langsam um die Ecke fuhr.

Drinnen saßen stehend Leute,

schweigend ins Gespräch vertieft,

als ein totgeschossner Hase

auf der Sandbank Schlittschuh lief.

Und auf einer roten Bank,

die gelb angestrichen war,

saß ein blondgelockter Jüngling,

dessen rabenschwarzes Haar

von der Fülle seiner Jahre

schon ganz weiß geworden war.

Neben ihm ne alte Schrulle,

zählte kaum erst siebzehn Jahr,

schmierte ihm ne Butterstulle,

die mit Schmalz bestrichen war.

Von der regennassen Pfütze

wirbelte der Staub empor,

bis der Jüngling in der Hitze

mächtig an den Ohren fror.

Beide Hände in den Taschen

hielt er sich die Augen zu,

darum konnte er nicht naschen

an dem Veilchenduft der Kuh.

Doch verliebt sprach er zu ihr:

„Kalt geliebtes Trampeltier,

du hast Augen wie Sardellen,

die dir aus den Ohren quellen,

alle Ochsen gleichen Dir."

Diese traurige Geschichte

fand sie witzig wie noch nie,

darum pfiff er im Gedichte

„Bleibe bei mir, o Marie!"

Hoch am kahlen Apfelbaume,

dessen Laub voll Birnen hing,

stand des Frühlings letzte Pflaume,

die vor Gurken unterging.

Ringsum herrschte tiefes Schweigen,

denn mit fürchterlichem Krach

spielten in des Grases Zweigen

zwei Kamele lautlos Schach.

Und zwei Fische liefen munter

durch das blaue Kornfeld hin.

Endlich ging die Sonne unter

und der graue Tag erschien.

Doch der Wagen fuhr im Trabe

rückwärts einen Berg hinauf,

denn dort zog ein weißer Rabe

torkelnd seine Turmuhr auf.

Dies Gedicht verfasste Goethe,

als er in der Morgenröte

liegend auf dem Nachttopf saß

und die Falsch-Schreib-Fibel las.

2. Gedankenspiel

Du glaubst, du spielst

mit dem Gedanken,

doch der Gedanke spielt mit dir.

Er wühlt dich auf,

bringt dich ins Wanken.

Du spürst nur: Etwas wühlt in mir.

Wir nehmen einen Ball zum Spielen,

doch sieh: Es ist ein Luftballon.

Wir wollten nur zum Tore zielen,

doch der Ballon trägt uns davon,

trägt uns in Welten ohne Schranken

ans ferne, längst vergessne Ziel.

Erst warst du Spielball der Gedanken,

nun bist du selbst Gedankenspiel.

9. Vater unser, der du bist im Himmel,

geheiligt werde dein Name, dein

Reich komme, dein Wille geschehe,

wie im Himmel, also auch auf Erden.

Unser täglich Brot gib uns heute, und

vergib uns unsere Schuld, wie auch

wir vergeben unseren Schuldigern.

Und führe uns nicht in Versuchung,

sondern erlöse uns von dem Übel,

denn dein ist das Reich, und die Kraft

und die Herrlichkeit in Ewigkeit. Amen.

Nachwort: Der ungeschriebene Lautwandel

Am phonetischen Schriftbild sehen wir, dass viele Buchstaben je nach Umfeld ihre Aussprache verändern. Da wir die Veränderung der Laute in der Umgangssprache ständig hören, haben wir uns so daran gewöhnt, dass wir sie gar nicht mehr bewusst wahrnehmen. Kein Wunder, dass viele Menschen mit der Rechtschreibung durcheinanderkommen, wenn sie andere Laute schreiben sollen, als sie sprechen. Zusätzlich stiften auch landschaftliche Unterschiede in der Aussprache Verwirrung beim Schreiben.

Das "g" in "König" kann als "g", "k" oder "ch" ausgesprochen werden, je nachdem, welcher Laut ihm folgt: als "g" in *Könige* køːnɪgə, als "k" in *königlich* køːnɪklɪç und als "ch" in *König* køːnɪç. Aus diesem Grunde gibt es eine ganze Reihe von Abweichungen zwischen Aussprache und Rechtschreibung, die wir beim Schreiben berücksichtigen müssen. Hier einige Beispiele.

Auslautverhärtung

Die stimmhaften Stoppkonsonanten "b", "d" und "g" verwandeln sich vor stimmlosen Konsonanten oder im Auslaut, das heißt am Ende einer Silbe, in ihre stimmlosen Partner "p", "t" und "k", wobei das "g" am Wortende in vielen Gegenden jedoch zu "ç" erweicht wird. Die gleiche Erscheinung sehen wir bei "s" und "v". Am Wortende und vor stimmlosen Konsonanten werden sie stimmlos gesprochen: *stimmlos* ʃtɪmloːs, *aktiv* aktiːf. Stehen sie jedoch am Anfang einer Silbe, im Anlaut, werden sie stimmhaft gesprochen: *stimmlose Aktive* ʃtɪmloːzə aktiːvə. Bei Wörtern, in denen dieser Lautwandel eintritt, ist es also verständlich, dass sie statt mit „f" oder „w" mit „v" und statt mit „ß" oder „ss" mit einfachem „s" geschrieben werden.

Behauchung

Die stimmlosen Stoppkonsonanten „p", „t" und „k" werden oft auch behaucht gesprochen, was sich jedoch selbst in der Lautschrift nicht niederschlägt. Wir sehen die Behauchung nur noch in der Schreibweise archaischer Wörter und Namen oder in Büchern, die vor dem 20. Jahrhundert gedruckt wurden: „Thalheim", „Thomas", „Thron", „thronen", „Thüringen"; früher: „Thal", „Thür" und „Thor".

Vokalisches „r"

Die häufige deutsche Endung „-er" wird im Wortauslaut als kurzes, unbetontes „a" gesprochen: Vater unser ˈfaːtɐ ˈʊnzɐ. Geht das Wort aber weiter, dann ist das „r" wieder als Konsonant zu hören: „unsere" ˈʊnzərə. Aus diesem Grunde ist es verständlich, dass wir die Endung nicht einfach als „a" schreiben.

Diese Beispiele zeigen uns, dass wir um so leichter „richtig" schreiben können, je mehr wir die Unterschiede zwischen Klangbild und Schriftbild verstehen. Eine ausführliche Darstellung dieser Unterschiede und der Vorteile unserer Rechtschreibregeln finden Sie im Buch „Das Falschschreib-Spiel fonetix©" in den Kapiteln „Zwölf Fragen zum Schreiben nach Gehör" und „Das Warum des Schriftbilds: Warum wir anders schreiben als wir sprechen."

Weitere Spiele mit Lautschrift

Verwenden Sie Lautschrift für Briefe an Kinder, die Freude an Geheimschrift haben. Erzählen Sie die Geschichte, wie die Griechen von den Menschen, die in der Gegend des heutigen Libanon und Syrien wohnten, das Alphabet kennenlernten und sie wegen ihrer phonetischen Schrift „Phönizier" nannten. Schreiben Sie in Lautschrift Botschaften in ihrer eigenen Mundart oder übersetzen Sie Texte aus dem Hochdeutschen in Ihre Mundart. Mehr über Lautschrift erfahren Sie im Ausspracheduden oder im Internet unter:

http://de.wikipedia.org/wiki/Lautschrift

http://de.wikipedia.org/wiki/Schrift

http://www.schriften-lernen.de/Schrift/Phon.htm

Anhang: Am Anfang schuf Gott

Fonetix-Training 1

Vergleichen Sie IPA mit normal

1 am ˈanfaŋ ʃuːf gɔt ˈhɪml̩
1 Am Anfang schuf Gott Himmel

ʊnt ˈeːɐ̯də. 2 ʊnt diː ˈeːɐ̯də vaːɐ̯
und Erde. 2 Und die Erde war

vyːst ʊnt leːɐ̯, ʊnt ɛs vaːɐ̯ ˈfɪnstɐ
wüst und leer, und es war finster

a̯ʊf deːɐ̯ ˈtiːfə; ʊnt deːɐ̯ ga̯ɪst
auf der Tiefe; und der Geist

ˈgɔtəs ˈʃveːbtə a̯ʊf deːm ˈvasɐ.
Gottes schwebte auf dem Wasser.

3 ʊnt gɔt ʃpraːx: ɛs ˈveːɐ̯də lɪçt!
3 Und Gott sprach: Es werde Licht!

ʊnt ɛs vaːɐ̯t lɪçt. 4 ʊnt gɔt zaː,
Und es ward Licht. 4 Und Gott sah,

das das lɪçt guːt vaːɐ̯. daː ʃiːt
dass das Licht gut war. Da schied

gɔt das lɪçt fɔn deːɐ̯ 'fɪnstenɪs
Gott das Licht von der Finsternis

5 ʊnt 'nantə das lɪçt taːk ʊnt diː
5 und nannte das Licht Tag und die

'fɪnstenɪs naxt. daː vaːɐ̯t au̯s
Finsternis Nacht. Da ward aus

'aːbn̩t ʊnt 'mɔɐ̯gn̩ deːɐ̯ 'eːɐ̯stə
Abend und Morgen der erste

taːk. 6 ʊnt gɔt ʃpraːx: ɛs 'veːɐ̯də
Tag. 6 Und Gott sprach: Es werde

'ai̯nə 'fɛstə 'tsvɪʃn̩ deːn 'vasɐn,
eine Feste zwischen den Wassern,

diː daː 'ʃa̯i̯də 'ʧvɪʃn̩ deːn
die da scheide zwischen den

'vasen. 7 daː 'maxtə gɔt diː
Wassern. 7 Da machte Gott die

'fɛstə ʊnt ʃiːt das 'vase 'ʊnte
Feste und schied das Wasser unter

deːɐ̯ 'fɛstə fɔn deːm 'vase 'yːbe
der Feste von dem Wasser über

deːɐ̯ 'fɛstə. ʊnt ɛs gə'ʃaː zoː.
der Feste. Und es geschah so.

8 ʊnt gɔt 'nantə diː 'fɛstə 'hɪml̩.
8 Und Gott nannte die Feste Himmel.

daː vaːɐ̯t a̯u̯s 'aːbn̩t ʊnt 'mɔɐ̯gn̩
Da ward aus Abend und Morgen

deːɐ̯ 'ʧva̯i̯tə taːk. 9 ʊnt gɔt
der zweite Tag. 9 Und Gott

ʃpraːx: ɛs 'zamlə zɪç das 'vasɐ
sprach: Es sammle sich das Wasser

'ʊntɐ deːm 'hɪml̩ an bə'zɔndərə
unter dem Himmel an besondere

'ɔrtə, das man das 'trɔkənə
Orte, dass man das Trockene

'zeːə. ʊnt ɛs gə'ʃaː zoː. 10 ʊnt
sehe. Und es geschah so. 10 Und

gɔt 'nantə das 'trɔkənə 'eːɐ̯də,
Gott nannte das Trockene Erde,

ʊnt diː 'zamlʊŋ deːɐ̯ 'vasɐ
und die Sammlung der Wasser

'nantə eːɐ̯ meːɐ̯. ʊnt gɔt zaː, das
nannte er Meer. Und Gott sah, dass

ɛs guːt vaːɐ̯. 11 ʊnt gɔt ʃpraːx:
es gut war. 11 Und Gott sprach:

ɛs ˈlasə diː ˈeːɐ̯də ˈa̯ʊfgeːən graːs
Es lasse die Erde aufgehen Gras

ʊnt kra̯ʊt, das ˈzamən ˈbrɪŋə,
und Kraut, das Samen bringe,

ʊnt ˈfrɔxtbaːrə ˈbɔ̯ymə a̯ʊf
und fruchtbare Bäume auf

ˈeːɐ̯dn̩, diː a̯ɪn ˈjeːdɐ naːx ˈza̯ɪnɐ
Erden, die ein jeder nach seiner

aːɐ̯t ˈfrʏçtə ˈtraːgn̩, ɪn ˈdeːnən iːr
Art Früchte tragen, in denen ihr

ˈzaːmə ɪst. ʊnt ɛs gəˈʃaː zoː. 12
Same ist. Und es geschah so. 12

ʊnt diː ˈeːɐ̯də liːs ˈa̯ʊfgeːən graːs
Und die Erde ließ aufgehen Gras

ʊnt kra̯ʊt, das ˈzaːmən brɪŋt,
und Kraut, das Samen bringt,

aɪn ˈjeːdəs naːx ˈzaɪnɐ aːɐ̯t, ʊnt
ein jedes nach seiner Art, und

ˈbɔʏme, diː da ˈfrʏçtə ˈtraːgn̩, ɪn
Bäume, die da Früchte tragen, in

ˈdeːnən iːr ˈzaːmə ɪst, aɪn ˈjeːdɐ
denen ihr Same ist, ein jeder

naːx ˈzaɪnɐ aːɐ̯t. ʊnt gɔt zaː, das
nach seiner Art. Und Gott sah, dass

ɛs guːt vaːɐ̯. 13 daː vaːɐ̯t aʊs
es gut war. 13 Da ward aus

ˈaːbn̩t ʊnt ˈmɔɐ̯gn̩ deːɐ̯ ˈdrɪtə Abend
und Morgen der dritte

taːk. 14 ʊnt gɔt ʃpraːx: ɛs
Tag. 14 Und Gott sprach: Es

ˈveːɐ̯dn̩ ˈlɪçtɐ an deːɐ̯ ˈfɛstə dɛs
werden Lichter an der Feste des

'hɪml̩s, diː da 'ʃ‿ai̯dn̩ taːk ʊnt
Himmels, die da scheiden Tag und

naxt ʊnt 'geːbn̩ 'ts‿ai̯çn̩, 'ts‿ai̯tn̩,
Nacht und geben Zeichen, Zeiten,

'taːgə ʊnt 'jaːrə 15 ʊnt 'z‿ai̯en
Tage und Jahre 15 und seien

'lɪçtɐ an deːɐ̯ 'fɛstə dɛs 'hɪml̩s,
Lichter an der Feste des Himmels,

das ziː 'ʃ‿ai̯nən au̯f diː 'eːɐ̯də. ʊnt
dass sie scheinen auf die Erde. Und

ɛs gə'ʃaː zoː. 16 ʊnt gɔt 'maxtə
es geschah so. 16 Und Gott machte

ts‿vai̯ 'groːsə 'lɪçtɐ, ai̯n 'groːsəs
zwei große Lichter: ein großes

lɪçt, das deːn taːk re'giːɐ̯rə, ʊnt
Licht, das den Tag regiere, und

a̯in 'kla̯inəs lɪçt, das diː naxt
ein kleines Licht, das die Nacht

re'giːe̯rə, da'ʦuː a̯uch diː
regiere, dazu auch die

'ʃtɛrnə. 17 ʊnt gɔt 'zɛʦtə ziː an
Sterne. 17 Und Gott setzte sie an

diː 'fɛstə dɛs 'hɪml̩s, das ziː
die Feste des Himmels, dass sie

'ʃiːnən a̯uf diː 'eːe̯də 18 ʊnt
schienen auf die Erde 18 und

deːn taːk ʊnt diː naxt re'giːe̯tn̩ den
Tag und die Nacht regierten

ʊnt 'ʃiːdn̩ lɪçt ʊnt 'fɪnstə̯nɪs.
und schieden Licht und Finsternis.

ʊnt gɔt zaː, das ɛs guːt vaːe̯. 19
Und Gott sah, dass es gut war. 19

daː vaːɐ̯t a̯us ˈaːbn̩t ʊnt ˈmɔɐ̯gn̩
Da ward aus Abend und Morgen

deːɐ̯ ˈfiːɐ̯tə taːk. 20 ʊnt gɔt
der vierte Tag. 20 Und Gott

ʃpraːx: ɛs ˈvɪmlə das ˈvasɐ fɔn
sprach: Es wimmle das Wasser von

leˈbɛndɪgəm gəˈtiːɐ̯, ʊnt ˈføːgl̩
lebendigem Getier, und Vögel

ˈzɔlən ˈfliːgn̩ a̯uf ˈeːɐ̯dn̩ ˈʊntɐ
sollen fliegen auf Erden unter

deːɐ̯ ˈfɛstə dɛs ˈhɪml̩s. 21 ʊnt
der Feste des Himmels. 21 Und

gɔt ʃuf ˈgroːsə ˈvaːlfiʃə ʊnt ˈaləs
Gott schuf große Walfische und alles

gəˈtiːɐ̯, das da leːbt ʊnt veːbt,
Getier, das da lebt und webt,

da'fɔn das 'vasɐ 'viml̩t, ai̯n
davon das Wasser wimmelt, ein

'jeːdəs naːx 'zai̯nɐ aːɐ̯t, ʊnt alə
jedes nach seiner Art, und alle

gə'fiːdetn̩ føːgl̩, 'ai̯nən 'jeːdn̩
gefiederten Vögel, einen jeden

naːx 'zai̯nɐ aːɐ̯t. ʊnt gɔt zaː,
nach seiner Art. Und Gott sah,

das ɛs gut vaːɐ̯. 22 ʊnt gɔt
dass es gut war. 22 Und Gott

'zeːgnətə ziː ʊnt ʃpraːx: zai̯t
segnete sie und sprach: Seid

'frʊxtbaːr ʊnt 'meːrət ɔy̯ç ʊnt
fruchtbar und mehret euch und

ɛr'fʏlət das vasɐ ɪm meːɐ̯, ʊnt
erfüllet das Wasser im Meer, und

diː ˈføːgl̩ ˈzɔlən zɪç ˈmeːrən aʊf

die Vögel sollen sich mehren auf

ˈeːɐ̯dn̩. 23 daː vaːɐ̯t aʊs ˈaːbn̩t

Erden. 23 Da ward aus Abend

ʊnt ˈmɔɐ̯gn̩ deːɐ̯ ˈfʏnftə taːk. 24

und Morgen der fünfte Tag. 24

ʊnt gɔt ʃpraːx: diː ˈeːɐ̯də ˈbrɪŋə

Und Gott sprach: Die Erde bringe

hɛɐ̯ˈfoːɐ̯ leˈbɛndɪgəs gəˈtiːɐ̯, aɪn

hervor lebendiges Getier, ein

ˈjeːdəs naːx ˈzaɪnɐ aːɐ̯t: fiː,

jedes nach seiner Art: Vieh,

gəˈvʏrm ʊnt ˈtiːɐ̯ə dɛs ˈfɛldəs,

Gewürm und Tiere des Feldes,

aɪn ˈjeːdəs naːx ˈzaɪnɐ aːɐ̯t. ʊnt

ein jedes nach seiner Art. Und

ɛs gə'ʃaː zoː. 25 ʊnt gɔt 'maxtə
es geschah so. 25 Und Gott machte

diː 'tiːɐ̯rə dɛs 'fɛldəs, a͜in 'jeːdəs
die Tiere des Feldes, ein jedes

naːx 'za͜inɐ aːɐ̯t, ʊnt das fiː naːx
nach seiner Art, und das Vieh nach

'za͜inɐ aːɐ̯t ʊnt 'aləs gə'vʏrm dɛs
seiner Art und alles Gewürm des

'eːɐ̯tboːdn̩s naːx 'za͜inɐ aːɐ̯t. ʊnt
Erdbodens nach seiner Art. Und

gɔt zaː, das ɛs guːt vaːɐ̯. 26 ʊnt
Gott sah, dass es gut war. 26 Und

gɔt ʃpraːx: 'lasət ʊns 'mɛnʃn̩
Gott sprach: Lasset uns Menschen

'maxn̩, a͜in bɪlt, das ʊns gla͜iç
machen, ein Bild, das uns gleich

z͜ai, diː da ˈhɛrʃn̩ ˈyːbɐ diː ˈfɪʃə
sei, die da herrschen über die Fische

ɪm meːɐ̯ ʊnt ˈyːbɐ diː ˈføːgl̩ ˈʊntɐ
im Meer und über die Vögel unter

deːm ˈhɪml̩ ʊnt ˈyːbɐ das fiː ʊnt
dem Himmel und über das Vieh und

ˈyːbɐ ˈalə ˈtiːɐ̯rə dɛs ˈfɛldəs ʊnt
über alle Tiere des Feldes und

ˈyːbɐ ˈaləs gəˈvʏrm, das a͜uf
über alles Gewürm, das auf

ˈeːɐ̯dn̩ kriːçt. 27 ʊnt gɔt ʃuːf
Erden kriecht. 27 Und Gott schuf

deːn ˈmɛnʃn̩ t͜suː ˈza͜inəm ˈbildə,
den Menschen zu seinem Bilde,

t͜sʊm ˈbildə ˈgɔtəs ʃuːf eːɐ̯ iːn;
zum Bilde Gottes schuf er ihn;

ʊnt ʃuːf ziː als man ʊnt vaip.
und schuf sie als Mann und Weib.

28 ʊnt gɔt ˈzeːgnətə ziː ʊnt
28 Und Gott segnete sie und

ʃpraːx ʦuː ˈiːnən: zait ˈfrʊxtbaːr
sprach zu ihnen: Seid fruchtbar

ʊnt ˈmeːrət ɔyç ʊnt ˈfʏlət diː
und mehret euch und füllet die

ˈeːɐ̯də ʊnt ˈmaxət ziː ɔyç
Erde und machet sie euch

ˈʊntetaːn ʊnt ˈhɛrʃət ˈyːbɐ diː
untertan und herrschet über die

ˈfɪʃə ɪm meːɐ̯ ʊnt ˈyːbɐ diː ˈføːgl̩
Fische im Meer und über die Vögel

ˈʊntɐ deːm ˈhɪml̩ ʊnt ˈyːbɐ das
unter dem Himmel und über das

fiː ʊnt 'yːbɐ 'aləs gə'tiːɐ̯, das au̯f
Vieh und über alles Getier, das auf

'eːɐ̯dn̩ kriːçt. 29 ʊnt gɔt ʃpraːx:
Erden kriecht. 29 Und Gott sprach:

'zeːhət daː, ɪç 'haːbə ɔyç
Sehet da, ich habe euch

gə'geːbn̩ 'alə 'p̮flanʦn̩, diː
gegeben alle Pflanzen, die

'zaːmən 'brɪŋən, au̯f deːɐ̯
Samen bringen, auf der

'ganʦn̩ 'eːɐ̯də, ʊnt 'alə 'bɔy̯mə
ganzen Erde, und alle Bäume

mɪt 'frʏçtn̩, diː 'zaːmən 'brɪŋən,
mit Früchten, die Samen bringen,

ʦuː 'ɔyrɐ 'ʃp̮ai̯zə. 30 'aːbɐ 'alən
zu eurer Speise. 30 Aber allen

'tiːɐ̯rən a̯uf 'eːɐ̯dn̩ ʊnt 'alən
Tieren auf Erden und allen

'føːgl̩n 'ʊntɐ deːm 'hɪml̩ ʊnt
Vögeln unter dem Himmel und

'aləm gə'vʏrm, das a̯uf 'eːɐ̯dn̩
allem Gewürm, das auf Erden

leːbt, 'haːbə ɪç 'aləs 'gryːnə
lebt, habe ich alles grüne

kra̯ut t͡suːɐ̯ 'naːrʊŋ gə'geːbn̩. ʊnt
Kraut zur Nahrung gegeben. Und

ɛs gə'ʃaː zoː. 31 ʊnt gɔt zaː an
es geschah so. 31 Und Gott sah an

'aləs, vas eːɐ̯ gə'maxt 'hatə, ʊnt
alles, was er gemacht hatte, und

ziːə, ɛs vaːɐ̯ zeːɐ̯ guːt. daː vaːɐ̯t
siehe, es war sehr gut. Da ward

au̯s 'aːbn̩t ʊnt 'mɔʁgn̩ deːɐ̯
aus Abend und Morgen der

'sɛks̩tə taːk. 2.1 zoː 'vʊrdn̩
sechste Tag. 2.1 So wurden

fɔl'|ɛndət 'hɪml̩ ʊnt 'eːɐ̯də mɪt
vollendet Himmel und Erde mit

'iːrəm 'gantsn̩ heːɐ̯. 2 ʊnt zoː
ihrem ganzen Heer. 2 Und so

fɔl'|ɛndətə gɔt am 'ziːbn̩tən
vollendete Gott am siebenten

'taːgə 'zai̯nə 'vɛrkə, diː eːɐ̯
Tage seine Werke, die er

'maxtə, ʊnt 'ruːtə am 'ziːbn̩tən
machte, und ruhte am siebenten

'taːgə fɔn 'alən 'zai̯nən 'vɛrkn̩,
Tage von allen seinen Werken,

diː eːɐ̯ gə'maxt 'hatə. 3 ʊnt gɔt
die er gemacht hatte. 3 Und Gott

'zeːgnətə deːn 'ziːbn̩tən taːk ʊnt
segnete den siebenten Tag und

'hai̯lɪgtə iːn, vai̯l eːɐ̯ an iːm 'ruːtə
heiligte ihn, weil er an ihm ruhte

fɔn 'alən 'zai̯nən 'vɛrkn̩, diː gɔt
von allen seinen Werken, die Gott

gəʃafn̩ ʊnt gə'maxt hatə. 4 zoː
geschaffen und gemacht hatte. 4 So

zɪnt 'hɪml̩ ʊnt 'eːɐ̯də gə'vɔrdn̩,
sind Himmel und Erde geworden,

als ziː gə'ʃafn̩ 'vʊrdn̩.
als sie geschaffen wurden.

Fonetix-Training 2

Schreiben Sie in Rechtschreibung

1 am 'anfaŋ ʃuːf gɔt 'hɪml̩ ʊnt

'eːɐ̯də. 2 ʊnt diː 'eːɐ̯də vaːɐ̯ vyːst

ʊnt leːɐ̯, ʊnt ɛs vaːɐ̯ 'fɪnstɐ au̯f

deːɐ̯ 'tiːfə; ʊnt deːɐ̯ gai̯st 'gɔtəs

'ʃveːbtə au̯f deːm 'vasɐ. 3 ʊnt gɔt

ʃpraːx: ɛs 'veːɐ̯də lɪçt! ʊnt ɛs vaːɐ̯t

lɪçt. 4 ʊnt gɔt zaː, das das lɪçt

guːt vaːɐ̯. daː ʃiːt gɔt das lɪçt fɔn

deːɐ̯ 'fɪnstenɪs 5 ʊnt 'nantə das

lɪçt taːk ʊnt diː 'fɪnstenɪs naxt. daː

vaːɐ̯t aus 'aːbn̩t ʊnt 'mɔɐ̯gn̩ deːɐ̯

'eːɐ̯stə taːk. 6 ʊnt gɔt ʃpraːx: ɛs

'veːɐ̯də 'ainə 'fɛstə 'tsvɪʃn̩ deːn

'vasen, diː daː 'ʃaidə 'tsvɪʃn̩ deːn

'vasen. 7 daː 'maxtə gɔt diː 'fɛstə

ʊnt ʃiːt das 'vasɐ 'ʊntɐ deːɐ̯ 'fɛstə

fɔn deːm 'vasɐ 'yːbɐ deːɐ̯ 'fɛstə.

ʊnt ɛs gə'ʃaː zoː. 8 ʊnt gɔt 'nantə

diː 'fɛstə 'hɪml̩. daː vaːɐ̯t aus 'aːbn̩t

ʊnt 'mɔɐ̯gn̩ deːɐ̯ 't͡svaɪ̯tə taːk. 9

ʊnt gɔt ʃpraːx: ɛs 'zamlə zɪç das

'vasɐ 'ʊntɐ deːm 'hɪml̩ an

bə'zɔndərə 'ɔrtə, das man das

'trɔkənə 'zeːə. ʊnt ɛs gə'ʃaː zoː.

10 ʊnt gɔt 'nantə das 'trɔkənə

'eːɐ̯də, ʊnt diː 'zamlʊŋ deːɐ̯ 'vasɐ

'nantə eːɐ̯ meːɐ̯. ʊnt gɔt zaː, das

ɛs guːt vaːɐ̯. 11 ʊnt gɔt ʃpraːx: ɛs

'lasə diː 'eːɐ̯də 'aʊ̯fgeːən graːs ʊnt

kraʊ̯t, das 'zamən 'brɪŋə, ʊnt

'frʊxtbaːrə 'bɔɐ̯mə au̯f 'eːɐ̯dn̩, diː

ai̯n 'jeːdɐ naːx 'zai̯nɐ aːɐ̯t 'frʏçtə

'traːgn̩, ɪn 'deːnən iːr 'zaːmə ɪst.

ʊnt ɛs gə'ʃaː zoː. 12 ʊnt diː 'eːɐ̯də

liːs 'au̯fgeːən graːs ʊnt krau̯t, das

'zaːmən brɪŋt, ai̯n 'jeːdəs naːx

'zai̯nɐ aːɐ̯t, ʊnt 'bɔɐ̯me, diː da

'frʏçtə 'traːgn̩, ɪn 'deːnən iːr 'zaːmə

ɪst, ai̯n 'jeːdɐ naːx 'zai̯nɐ aːɐ̯t. ʊnt

gɔt zaː, das ɛs guːt vaːɐ̯. 13 daː

vaːɐ̯t au̯s 'aːbn̩t ʊnt 'mɔɐ̯gn̩ deːɐ̯

'drɪtə taːk. 14 ʊnt gɔt ʃpraːx: ɛs

'veːɐ̯dn̩ 'lɪçtə an deːɐ̯ 'fɛstə dɛs

'hɪml̩s, diː da 'ʃaɪ̯dn̩ taːk ʊnt naxt

ʊnt 'geːbn̩ 'ʦaɪ̯çn̩, 'ʦaɪ̯tn̩, 'taːgə

ʊnt 'jaːrə 15 ʊnt 'zaɪ̯en 'lɪçtə an

deːɐ̯ 'fɛstə dɛs 'hɪml̩s, das ziː

'ʃaɪ̯nən au̯f diː 'eːɐ̯də. ʊnt ɛs gə'ʃaː

zoː. 16 ʊnt gɔt 'maxtə ʦvaɪ̯

'groːsə 'lɪçtə, ai̯n 'groːsəs lɪçt, das

deːn taːk re'giːɐ̯rə, ʊnt ai̯n 'klaɪ̯nəs

lɪçt, das diː naxt re'giːɐ̯rə, da'ʦuː

a̯uch diː ˈʃtɛrnə. 17 ʊnt gɔt ˈzɛt͡stə

ziː an diː ˈfɛstə dɛs ˈhɪml̩s, das ziː

ˈʃiːnən a̯uf diː ˈeːɐ̯də 18 ʊnt deːn

ta̯ːk ʊnt diː naxt reˈgiːɐ̯tn̩ ʊnt ˈʃiːdn̩

lɪçt ʊnt ˈfɪnstɐnɪs. ʊnt gɔt zaː, das

ɛs guːt vaːɐ̯. 19 daː vaːɐ̯t a̯us

ˈaːbn̩t ʊnt ˈmɔɐ̯gn̩ deːɐ̯ ˈfiːɐ̯tə taːk.

20 ʊnt gɔt ʃpraːx: ɛs ˈvɪmlə das

ˈvasɐ fɔn leˈbɛndɪgəm gəˈtiːɐ̯, ʊnt

ˈføːgl̩ ˈzɔlən ˈfliːgn̩ a̯uf ˈeːɐ̯dn̩ ˈʊntɐ

deːɐ̯ ˈfɛstə dɛs ˈhɪml̩s. 21 ʊnt gɔt

ʃuf 'groːsə 'vaːlfiʃə ʊnt 'aləs

gə'tiːɐ̯, das da leːbt ʊnt veːbt,

da'fɔn das 'vasɐ 'viml̩t, a̯in 'jeːdəs

naːx 'za̯inɐ aːɐ̯t, ʊnt alə gə'fiːdetn̩

føːgl̩, 'a̯inən 'jeːdn̩ naːx 'za̯inɐ aːɐ̯t.

ʊnt gɔt zaː, das ɛs gut vaːɐ̯. 22

ʊnt gɔt 'zeːgnətə ziː ʊnt ʃpraːx:

za̯it 'frʊxtbaːr ʊnt 'meːrət ɔyç ʊnt

ɛr'fʏlət das vasɐ ɪm meːɐ̯, ʊnt diː

'føːgl̩ 'zɔlən zɪç 'meːrən a̯uf 'eːɐ̯dn̩.

23 daː vaːɐ̯t a̯us 'aːbn̩t ʊnt 'mɔɐ̯gn̩

deː‿ɐ̯ 'fʏnftə taːk. 24 ʊnt gɔt

ʃpraːx: diː 'eːɐ̯də 'brɪŋə hɛɐ̯'foːɐ̯

le'bɛndɪgəs gə'tiːɐ̯, a͜in 'jeːdəs naːx

'za͜inɐ aːɐ̯t: fiː, gə'vʏrm ʊnt 'tiːɐ̯ə

dɛs 'fɛldəs, a͜in 'jeːdəs naːx 'za͜inɐ

aːɐ̯t. ʊnt ɛs gə'ʃaː zoː. 25 ʊnt gɔt

'maxtə diː 'tiːɐ̯ə dɛs 'fɛldəs, a͜in

'jeːdəs naːx 'za͜inɐ aːɐ̯t, ʊnt das fiː

naːx 'za͜inɐ aːɐ̯t ʊnt 'aləs gə'vʏrm

dɛs 'eːɐ̯tboːdn̩s naːx 'za͜inɐ aːɐ̯t.

ʊnt gɔt zaː, das ɛs guːt vaːɐ̯. 26

ʊnt gɔt ʃpraːx: ˈlasət ʊns ˈmɛnʃn̩

ˈmaxn̩, a̯in bɪlt, das ʊns gla̯iç za̯i,

diː da ˈhɛrʃn̩ ˈyːbɐ diː ˈfɪʃə ɪm meːɐ̯

ʊnt ˈyːbɐ diː ˈføːgl̩ ˈʊntɐ deːm ˈhɪml̩

ʊnt ˈyːbɐ das fiː ʊnt ˈyːbɐ ˈalə

ˈtiːɐ̯rə dɛs ˈfɛldəs ʊnt ˈyːbɐ ˈaləs

gəˈvʏrm, das a̯uf ˈeːɐ̯dn̩ kriːçt. 27

ʊnt gɔt ʃuːf deːn ˈmɛnʃn̩ t͡suː

ˈza̯inəm ˈbildə, t͡sʊm ˈbildə ˈgɔtəs

ʃuːf eːɐ̯ iːn; ʊnt ʃuːf ziː als man ʊnt

va̯ip. 28 ʊnt gɔt ˈzeːgnətə ziː ʊnt

ʃpraːx ʦuː ˈiːnən: zaɪt ˈfrʊxtbaːr

ʊnt ˈmeːrət ɔyç ʊnt ˈfʏlət diː ˈeːɐ̯də

ʊnt ˈmaxət ziː ɔyç ˈʊntetaːn ʊnt

ˈhɛrʃət ˈyːbɐ diː ˈfɪʃə ɪm meːɐ̯ ʊnt

ˈyːbɐ diː ˈføːgl̩ ˈʊntɐ deːm ˈhɪml̩ ʊnt

ˈyːbɐ das fiː ʊnt ˈyːbɐ ˈaləs gəˈtiːɐ̯,

das aʊ̯f ˈeːɐ̯dn̩ kriːçt. 29 ʊnt gɔt

ʃpraːx: ˈzeːhət daː, ɪç ˈhaːbə ɔyç

gəˈgeːbn̩ ˈalə ˈp͡flanʦn̩, diː ˈzaːmən

ˈbrɪŋən, aʊ̯f deːɐ̯ ˈganʦn̩ ˈeːɐ̯də,

ʊnt ˈalə ˈbɔy̯mə mɪt ˈfrʏçtn̩, diː

'zaːmən 'brɪŋən, tʂuː 'ɔyrɐ 'ʃpaɪzə.

30 'aːbɐ 'alən 'tiːɐʳən a͜uf 'eːɐʳdn̩

ʊnt 'alən 'føːgl̩n 'ʊntɐ deːm 'hɪml̩

ʊnt 'aləm gə'vʏrm, das a͜uf 'eːɐʳdn̩

leːbt, 'haːbə ɪç 'aləs 'gryːnə kra͜ut

tʂuːɐʳ 'naːrʊŋ gə'geːbn̩. ʊnt ɛs

gə'ʃaː zoː. 31 ʊnt gɔt zaː an 'aləs,

vas eːɐʳ gə'maxt 'hatə, ʊnt ziːə, ɛs

vaːɐʳ zeːɐʳ guːt. daː vaːɐʳt a͜us 'aːbn̩t

ʊnt 'mɔɐʳgn̩ deːɐʳ 'sɛkʂtə taːk. 2.1

zoː 'vʊrdn̩ fɔl'|ɛndət 'hɪml̩ ʊnt

'eːɐ̯də mɪt 'iːrəm 'ganʦn̩ heːɐ̯. 2

ʊnt zoː fɔl'|ɛndətə gɔt am 'ziːbn̩tən

'taːgə 'zaɪ̯nə 'vɛrkə, diː eːɐ̯ 'maxtə,

ʊnt 'ruːtə am 'ziːbn̩tən 'taːgə fɔn

'alən 'zaɪ̯nən 'vɛrkn̩, diː eːɐ̯

gə'maxt 'hatə. 3 ʊnt gɔt 'zeːgnətə

deːn 'ziːbn̩tən taːk ʊnt 'haɪ̯lɪgtə iːn,

vaɪ̯l eːɐ̯ an iːm 'ruːtə fɔn 'alən

'zaɪ̯nən 'vɛrkn̩, diː gɔt gəʃafn̩ ʊnt

gə'maxt hatə. 4 zoː zɪnt 'hɪml̩ ʊnt

'eːɐ̯də gə'vɔrdn̩, als ziː gə'ʃafn̩ 'vʊrdn̩.

Fonetix-Training 3

Schreiben Sie in Lautschrift

1 Am Anfang schuf Gott Himmel und

Erde. 2 Und die Erde war wüst und

leer, und es war finster auf der Tiefe;

und der Geist Gottes schwebte auf

dem Wasser. 3 Und Gott sprach: Es

werde Licht! Und es ward Licht. 4

Und Gott sah, dass das Licht gut war.

Da schied Gott das Licht von der

Finsternis 5 und nannte das Licht Tag

und die Finsternis Nacht. Da ward

aus Abend und Morgen der erste Tag.

6 Und Gott sprach: Es werde eine

Feste zwischen den Wassern, die da

scheide zwischen den Wassern. 7 Da

machte Gott die Feste und schied das

Wasser unter der Feste von dem

Wasser über der Feste. Und es

geschah so. 8 Und Gott nannte die

Feste Himmel. Da ward aus Abend

und Morgen der zweite Tag. 9 Und

Gott sprach: Es sammle sich das

Wasser unter dem Himmel an

besondere Orte, dass man das

Trockene sehe. Und es geschah so.

10 Und Gott nannte das Trockene

Erde, und die Sammlung der Wasser

nannte er Meer. Und Gott sah, dass

es gut war. 11 Und Gott sprach: Es

lasse die Erde aufgehen Gras und

Kraut, das Samen bringe, und

fruchtbare Bäume auf Erden, die ein

jeder nach seiner Art Früchte tragen,

in denen ihr Same ist. Und es

geschah so. 12 Und die Erde ließ

aufgehen Gras und Kraut, das Samen

bringt, ein jedes nach seiner Art, und

Bäume, die da Früchte tragen, in

denen ihr Same ist, ein jeder nach

seiner Art. Und Gott sah, dass es

gut war. 13 Da ward aus Abend und

Morgen der dritte Tag. 14 Und Gott

sprach: Es werden Lichter an der

Feste des Himmels, die da scheiden

Tag und Nacht und geben Zeichen,

Zeiten, Tage und Jahre 15 und seien

Lichter an der Feste des Himmels,

dass sie scheinen auf die Erde. Und es

geschah so. 16 Und Gott machte

zwei große Lichter: ein großes Licht,

das den Tag regiere, und ein kleines

Licht, das die Nacht regiere, dazu

auch die Sterne. 17 Und Gott setzte

sie an die Feste des Himmels, dass sie

schienen auf die Erde 18 und den

Tag und die Nacht regierten und

schieden Licht und Finsternis. Und

Gott sah, dass es gut war. 19 Da ward

aus Abend und Morgen der vierte

Tag. 20 Und Gott sprach: Es wimmle

das Wasser von lebendigem Getier,

und Vögel sollen fliegen auf Erden

unter der Feste des Himmels. 21 Und

Gott schuf große Walfische und alles

Getier, das da lebt und webt, davon

das Wasser wimmelt, ein jedes nach

seiner Art, und alle gefiederten

Vögel, einen jeden nach seiner Art.

Und Gott sah, dass es gut war.

22 Und Gott segnete sie und sprach:

Seid fruchtbar und mehret euch und

erfüllet das Wasser im Meer, und die

Vögel sollen sich mehren auf Erden.

23 Da ward aus Abend und Morgen

der fünfte Tag. 24 Und Gott sprach:

Die Erde bringe hervor lebendiges

Getier, ein jedes nach seiner Art:

Vieh, Gewürm und Tiere des Feldes,

ein jedes nach seiner Art. Und es

geschah so. 25 Und Gott machte die

Tiere des Feldes, ein jedes nach

seiner Art, und das Vieh nach seiner

Art und alles Gewürm des Erdbodens

nach seiner Art. Und Gott sah, dass es

gut war. 26 Und Gott sprach: Lasset

uns Menschen machen, ein Bild, das

uns gleich sei, die da herrschen über

die Fische im Meer und über die

Vögel unter dem Himmel und über

das Vieh und über alle Tiere des

Feldes und über alles Gewürm, das

auf Erden kriecht. 27 Und Gott schuf

den Menschen zu seinem Bilde, zum

Bilde Gottes schuf er ihn; und schuf

sie als Mann und Weib. 28 Und Gott

segnete sie und sprach zu ihnen: Seid

fruchtbar und mehret euch und füllet

die Erde und machet sie euch

untertan und herrschet über die

Fische im Meer und über die Vögel

unter dem Himmel und über das Vieh

und über alles Getier, das auf Erden

kriecht. 29 Und Gott sprach: Sehet

da, ich habe euch gegeben alle

Pflanzen, die Samen bringen, auf der

ganzen Erde, und alle Bäume mit

Früchten, die Samen bringen, zu

eurer Speise. 30 Aber allen Tieren

auf Erden und allen Vögeln unter

dem Himmel und allem Gewürm, das

auf Erden lebt, habe ich alles grüne

Kraut zur Nahrung gegeben. Und es

geschah so. 31 Und Gott sah an

alles, was er gemacht hatte, und

siehe, es war sehr gut. Da ward aus

Abend und Morgen der sechste Tag.

2.1 So wurden vollendet Himmel und

Erde mit ihrem ganzen Heer. 2 Und

so vollendete Gott am siebenten Tage

seine Werke, die er machte, und

ruhte am siebenten Tage von allen

seinen Werken, die er gemacht hatte.

3 Und Gott segnete den siebenten

Tag und heiligte ihn, weil er an ihm

ruhte von allen seinen Werken, die

Gott geschaffen und gemacht hatte.

4 So sind Himmel und Erde

geworden, als sie geschaffen wurden.

Alfa-Veda-Verlag – Bücher für bewusstseinsbezogenen Lern- und Lesespaß

Vera F. Birkenbihl/Jan Müller

Das Falschschreib-Spiel
fonetix©

FONETISCH akustisch LESEN SPIELEN HÖREN
FALSCH
FANTASIE ALFABETH SCHREIBEN CLICK! lernen

wia schraibm oone reegln frai naach gehöö

Alfa-Veda-Verlag

Das Falschschreib-Spiel fonetix: Wir schreiben ohne Regeln frei nach Gehör. Viele Kinder mit Rechtschreibschwäche können nicht einmal deutlich sprechen. Sie lernen auf der Straße nur ein ungefähres Lautbild ihrer Muttersprache kennen. Wollen sie die Wörter dann aufschreiben, wird ihre Unsicherheit über das richtige Klangbild deutlich. Da die Wiedergabe des Klangs aber das wichtigste Grundprinzip unserer Schrift ist, ist das Wissen um die richtige Aussprache die Voraussetzung für richtiges Schreiben. Im Falschschreib-Spiel lernen wir nicht nur die richtige Aussprache kennen, uns wird auch der Unterschied zwischen Sprechen und Schreiben bewusst. Denn unser Schriftbild muss neben der Klangwiedergabe noch andere Aufgaben erfüllen: Es sorgt für leichte Lesbarkeit, zeigt die Herkunft und die Geschichte der Wörter und ersetzt Betonung und Mimik durch grafische Mittel. Mit spielerischer Leichtigkeit verbessern wir im FALSCHSCHREIB-SPIEL unser Verständnis für unsere Sprache, ihren Klang und ihr Schriftbild.

Polepole auf Schatzsuche: Ein Märchen der Morgenröte – mit Brettspiel "Fahrt zum Spiegelsee". Text: Jan Müller, Bilder: Raymonde Guidotti. Auch als Hörbuch und in sechs weiteren Sprachen erhältlich.
Als das Gold im Bergwerk erschöpft ist, verlieren alle Goldgräber ihre Arbeit, und das ganze Dorf beginnt zu hungern. Der kleine Polepole aber hofft noch immer, im Inneren des Berges Schätze zu finden. Er macht sich auf in das verlassene Bergwerk und entdeckt dort ein Zauberreich, den Inneren Urwald, wo er wilde Abenteuer bestehen muss, bevor ihn seine Reise nach Innen zum Ziel seiner Wünsche führt.
Die Geschichte eignet sich besonders für Bewusstseinsbezogene Bildung, da sie den Weg des Geistes nach innen veranschaulicht. Im Brettspiel "Fahrt zum Spiegelsee" am Ende des Buches können Kinder ab 5 Polepole auf seiner Reise durch den Inneren Urwald begleiten.

Rik Veda Neuntes und Zehntes Mandala: Im Lichte von Maharishis Vedischer Wissenschaft und Technologie aus dem vedischen Sanskrit neu übersetzt von Jan Müller.

Der Rik-Veda ist der älteste überlieferte Ausdruck indoeuropäischer Sprache und Kultur. Die hier vorgelegte Übersetzung interpretiert den vielschichtigen vedischen Urtext im Licht von Maharishis Vedischer Wissenschaft und Technologie aufgrund eigener Meditationserfahrungen. Sie versucht, die poetischen Eigenheiten des Urtextes so weit wie möglich zu erhalten, die Vieldeutigkeit, die Bildsprache, die Klangspielereien und weitgehend auch die Silbenzahl des Versmaßes, damit die Hauptwirkung des 9. Mandalas – das Klären und Fließen von Soma, dem Ambrosia der Götter und dem Met der Dichter – auch durch die Übersetzung möglichst deutlich zu spüren ist.

RIK VEDA

NEUNTES MANDALA
UND VIERZIG AUSGEWÄHLTE HYMNEN DES
ZEHNTEN MANDALA